Salasana-muistikirja

Mainiot Muistikirjat

First published in Great Britain 2018 by Luscious Books Ltd
www.lusciousbooks.co.uk

Copyright © Mainiot Muistikirjat 2018
Translator Minna Varis

A CIP catalogue record for this book is available from the British Library

ISBN 9781910929087

Nimi	Päiväys
Netti-osoite	
Käyttäjänimi/Sisään-kirjautumistunnus	
Sala-sana	PIN-koodi
Varmennuskysymykset/muistiinpanot	

Nimi	Päiväys
Netti-osoite	
Käyttäjänimi/Sisään-kirjautumistunnus	
Sala-sana	PIN-koodi
Varmennuskysymykset/muistiinpanot	

Nimi	Päiväys
Netti-osoite	
Käyttäjänimi/Sisään-kirjautumistunnus	
Sala-sana	PIN-koodi
Varmennuskysymykset/muistiinpanot	

Nimi	Päiväys
Netti-osoite	
Käyttäjänimi/Sisään-kirjautumistunnus	
Sala-sana	PIN-koodi
Varmennuskysymykset/muistiinpanot	

Nimi	Päiväys
Netti-osoite	
Käyttäjänimi/Sisään-kirjautumistunnus	
Sala-sana	PIN-koodi
Varmennuskysymykset/muistiinpanot	

Nimi	Päiväys
Netti-osoite	
Käyttäjänimi/Sisään-kirjautumistunnus	
Sala-sana	PIN-koodi
Varmennuskysymykset/muistiinpanot	

A

Nimi	Päiväys
Netti-osoite	
Käyttäjänimi/Sisään-kirjautumistunnus	
Sala-sana	PIN-koodi
Varmennuskysymykset/muistiinpanot	

Nimi	Päiväys
Netti-osoite	
Käyttäjänimi/Sisään-kirjautumistunnus	
Sala-sana	PIN-koodi
Varmennuskysymykset/muistiinpanot	

Nimi	Päiväys
Netti-osoite	
Käyttäjänimi/Sisään-kirjautumistunnus	
Sala-sana	PIN-koodi
Varmennuskysymykset/muistiinpanot	

A

Nimi	Päiväys
Netti-osoite	
Käyttäjänimi/Sisään-kirjautumistunnus	
Sala-sana	PIN-koodi
Varmennuskysymykset/muistiinpanot	

Nimi	Päiväys
Netti-osoite	
Käyttäjänimi/Sisään-kirjautumistunnus	
Sala-sana	PIN-koodi
Varmennuskysymykset/muistiinpanot	

Nimi	Päiväys
Netti-osoite	
Käyttäjänimi/Sisään-kirjautumistunnus	
Sala-sana	PIN-koodi
Varmennuskysymykset/muistiinpanot	

Nimi	Päiväys
Netti-osoite	
Käyttäjänimi/Sisään-kirjautumistunnus	
Sala-sana	PIN-koodi
Varmennuskysymykset/muistiinpanot	

Nimi	Päiväys
Netti-osoite	
Käyttäjänimi/Sisään-kirjautumistunnus	
Sala-sana	PIN-koodi
Varmennuskysymykset/muistiinpanot	

Nimi	Päiväys
Netti-osoite	
Käyttäjänimi/Sisään-kirjautumistunnus	
Sala-sana	PIN-koodi
Varmennuskysymykset/muistiinpanot	

B

Nimi	Päiväys
Netti-osoite	
Käyttäjänimi/Sisään-kirjautumistunnus	
Sala-sana	PIN-koodi
Varmennuskysymykset/muistiinpanot	

Nimi	Päiväys
Netti-osoite	
Käyttäjänimi/Sisään-kirjautumistunnus	
Sala-sana	PIN-koodi
Varmennuskysymykset/muistiinpanot	

Nimi	Päiväys
Netti-osoite	
Käyttäjänimi/Sisään-kirjautumistunnus	
Sala-sana	PIN-koodi
Varmennuskysymykset/muistiinpanot	

Nimi	Päiväys
Netti-osoite	
Käyttäjänimi/Sisään-kirjautumistunnus	
Sala-sana	PIN-koodi
Varmennuskysymykset/muistiinpanot	

Nimi	Päiväys
Netti-osoite	
Käyttäjänimi/Sisään-kirjautumistunnus	
Sala-sana	PIN-koodi
Varmennuskysymykset/muistiinpanot	

Nimi	Päiväys
Netti-osoite	
Käyttäjänimi/Sisään-kirjautumistunnus	
Sala-sana	PIN-koodi
Varmennuskysymykset/muistiinpanot	

B

Nimi	Päiväys
Netti-osoite	
Käyttäjänimi/Sisään-kirjautumistunnus	
Sala-sana	PIN-koodi
Varmennuskysymykset/muistiinpanot	

Nimi	Päiväys
Netti-osoite	
Käyttäjänimi/Sisään-kirjautumistunnus	
Sala-sana	PIN-koodi
Varmennuskysymykset/muistiinpanot	

Nimi	Päiväys
Netti-osoite	
Käyttäjänimi/Sisään-kirjautumistunnus	
Sala-sana	PIN-koodi
Varmennuskysymykset/muistiinpanot	

Nimi	Päiväys
Netti-osoite	
Käyttäjänimi/Sisään-kirjautumistunnus	
Sala-sana	PIN-koodi
Varmennuskysymykset/muistiinpanot	

Nimi	Päiväys
Netti-osoite	
Käyttäjänimi/Sisään-kirjautumistunnus	
Sala-sana	PIN-koodi
Varmennuskysymykset/muistiinpanot	

Nimi	Päiväys
Netti-osoite	
Käyttäjänimi/Sisään-kirjautumistunnus	
Sala-sana	PIN-koodi
Varmennuskysymykset/muistiinpanot	

Nimi	Päiväys
Netti-osoite	
Käyttäjänimi/Sisään-kirjautumistunnus	
Sala-sana	PIN-koodi
Varmennuskysymykset/muistiinpanot	

Nimi	Päiväys
Netti-osoite	
Käyttäjänimi/Sisään-kirjautumistunnus	
Sala-sana	PIN-koodi
Varmennuskysymykset/muistiinpanot	

Nimi	Päiväys
Netti-osoite	
Käyttäjänimi/Sisään-kirjautumistunnus	
Sala-sana	PIN-koodi
Varmennuskysymykset/muistiinpanot	

Nimi	Päiväys
Netti-osoite	
Käyttäjänimi/Sisään-kirjautumistunnus	
Sala-sana	PIN-koodi
Varmennuskysymykset/muistiinpanot	

Nimi	Päiväys
Netti-osoite	
Käyttäjänimi/Sisään-kirjautumistunnus	
Sala-sana	PIN-koodi
Varmennuskysymykset/muistiinpanot	

Nimi	Päiväys
Netti-osoite	
Käyttäjänimi/Sisään-kirjautumistunnus	
Sala-sana	PIN-koodi
Varmennuskysymykset/muistiinpanot	

Nimi	Päiväys
Netti-osoite	
Käyttäjänimi/Sisään-kirjautumistunnus	
Sala-sana	PIN-koodi
Varmennuskysymykset/muistiinpanot	

Nimi	Päiväys
Netti-osoite	
Käyttäjänimi/Sisään-kirjautumistunnus	
Sala-sana	PIN-koodi
Varmennuskysymykset/muistiinpanot	

Nimi	Päiväys
Netti-osoite	
Käyttäjänimi/Sisään-kirjautumistunnus	
Sala-sana	PIN-koodi
Varmennuskysymykset/muistiinpanot	

Nimi	Päiväys
Netti-osoite	
Käyttäjänimi/Sisään-kirjautumistunnus	
Sala-sana	PIN-koodi
Varmennuskysymykset/muistiinpanot	

Nimi	Päiväys
Netti-osoite	
Käyttäjänimi/Sisään-kirjautumistunnus	
Sala-sana	PIN-koodi
Varmennuskysymykset/muistiinpanot	

Nimi	Päiväys
Netti-osoite	
Käyttäjänimi/Sisään-kirjautumistunnus	
Sala-sana	PIN-koodi
Varmennuskysymykset/muistiinpanot	

D

Nimi	Päiväys
Netti-osoite	
Käyttäjänimi/Sisään-kirjautumistunnus	
Sala-sana	PIN-koodi
Varmennuskysymykset/muistiinpanot	

Nimi	Päiväys
Netti-osoite	
Käyttäjänimi/Sisään-kirjautumistunnus	
Sala-sana	PIN-koodi
Varmennuskysymykset/muistiinpanot	

Nimi	Päiväys
Netti-osoite	
Käyttäjänimi/Sisään-kirjautumistunnus	
Sala-sana	PIN-koodi
Varmennuskysymykset/muistiinpanot	

Nimi	Päiväys
Netti-osoite	
Käyttäjänimi/Sisään-kirjautumistunnus	
Sala-sana	PIN-koodi
Varmennuskysymykset/muistiinpanot	

Nimi	Päiväys
Netti-osoite	
Käyttäjänimi/Sisään-kirjautumistunnus	
Sala-sana	PIN-koodi
Varmennuskysymykset/muistiinpanot	

Nimi	Päiväys
Netti-osoite	
Käyttäjänimi/Sisään-kirjautumistunnus	
Sala-sana	PIN-koodi
Varmennuskysymykset/muistiinpanot	

Nimi	Päiväys
Netti-osoite	
Käyttäjänimi/Sisään-kirjautumistunnus	
Sala-sana	PIN-koodi
Varmennuskysymykset/muistiinpanot	

Nimi	Päiväys
Netti-osoite	
Käyttäjänimi/Sisään-kirjautumistunnus	
Sala-sana	PIN-koodi
Varmennuskysymykset/muistiinpanot	

Nimi	Päiväys
Netti-osoite	
Käyttäjänimi/Sisään-kirjautumistunnus	
Sala-sana	PIN-koodi
Varmennuskysymykset/muistiinpanot	

Nimi	Päiväys
Netti-osoite	
Käyttäjänimi/Sisään-kirjautumistunnus	
Sala-sana	PIN-koodi
Varmennuskysymykset/muistiinpanot	

Nimi	Päiväys
Netti-osoite	
Käyttäjänimi/Sisään-kirjautumistunnus	
Sala-sana	PIN-koodi
Varmennuskysymykset/muistiinpanot	

Nimi	Päiväys
Netti-osoite	
Käyttäjänimi/Sisään-kirjautumistunnus	
Sala-sana	PIN-koodi
Varmennuskysymykset/muistiinpanot	

E

Nimi	Päiväys
Netti-osoite	
Käyttäjänimi/Sisään-kirjautumistunnus	
Sala-sana	PIN-koodi
Varmennuskysymykset/muistiinpanot	

Nimi	Päiväys
Netti-osoite	
Käyttäjänimi/Sisään-kirjautumistunnus	
Sala-sana	PIN-koodi
Varmennuskysymykset/muistiinpanot	

Nimi	Päiväys
Netti-osoite	
Käyttäjänimi/Sisään-kirjautumistunnus	
Sala-sana	PIN-koodi
Varmennuskysymykset/muistiinpanot	

Nimi	Päiväys
Netti-osoite	
Käyttäjänimi/Sisään-kirjautumistunnus	
Sala-sana	PIN-koodi
Varmennuskysymykset/muistiinpanot	

Nimi	Päiväys
Netti-osoite	
Käyttäjänimi/Sisään-kirjautumistunnus	
Sala-sana	PIN-koodi
Varmennuskysymykset/muistiinpanot	

Nimi	Päiväys
Netti-osoite	
Käyttäjänimi/Sisään-kirjautumistunnus	
Sala-sana	PIN-koodi
Varmennuskysymykset/muistiinpanot	

E

Nimi	Päiväys
Netti-osoite	
Käyttäjänimi/Sisään-kirjautumistunnus	
Sala-sana	PIN-koodi
Varmennuskysymykset/muistiinpanot	

Nimi	Päiväys
Netti-osoite	
Käyttäjänimi/Sisään-kirjautumistunnus	
Sala-sana	PIN-koodi
Varmennuskysymykset/muistiinpanot	

Nimi	Päiväys
Netti-osoite	
Käyttäjänimi/Sisään-kirjautumistunnus	
Sala-sana	PIN-koodi
Varmennuskysymykset/muistiinpanot	

Nimi	Päiväys
Netti-osoite	
Käyttäjänimi/Sisään-kirjautumistunnus	
Sala-sana	PIN-koodi
Varmennuskysymykset/muistiinpanot	

Nimi	Päiväys
Netti-osoite	
Käyttäjänimi/Sisään-kirjautumistunnus	
Sala-sana	PIN-koodi
Varmennuskysymykset/muistiinpanot	

Nimi	Päiväys
Netti-osoite	
Käyttäjänimi/Sisään-kirjautumistunnus	
Sala-sana	PIN-koodi
Varmennuskysymykset/muistiinpanot	

F

Nimi	Päiväys
Netti-osoite	
Käyttäjänimi/Sisään-kirjautumistunnus	
Sala-sana	PIN-koodi
Varmennuskysymykset/muistiinpanot	

Nimi	Päiväys
Netti-osoite	
Käyttäjänimi/Sisään-kirjautumistunnus	
Sala-sana	PIN-koodi
Varmennuskysymykset/muistiinpanot	

Nimi	Päiväys
Netti-osoite	
Käyttäjänimi/Sisään-kirjautumistunnus	
Sala-sana	PIN-koodi
Varmennuskysymykset/muistiinpanot	

Nimi	Päiväys
Netti-osoite	
Käyttäjänimi/Sisään-kirjautumistunnus	
Sala-sana	PIN-koodi
Varmennuskysymykset/muistiinpanot	

Nimi	Päiväys
Netti-osoite	
Käyttäjänimi/Sisään-kirjautumistunnus	
Sala-sana	PIN-koodi
Varmennuskysymykset/muistiinpanot	

Nimi	Päiväys
Netti-osoite	
Käyttäjänimi/Sisään-kirjautumistunnus	
Sala-sana	PIN-koodi
Varmennuskysymykset/muistiinpanot	

F	

Nimi	Päiväys
Netti-osoite	
Käyttäjänimi/Sisään-kirjautumistunnus	
Sala-sana	PIN-koodi
Varmennuskysymykset/muistiinpanot	

Nimi	Päiväys
Netti-osoite	
Käyttäjänimi/Sisään-kirjautumistunnus	
Sala-sana	PIN-koodi
Varmennuskysymykset/muistiinpanot	

Nimi	Päiväys
Netti-osoite	
Käyttäjänimi/Sisään-kirjautumistunnus	
Sala-sana	PIN-koodi
Varmennuskysymykset/muistiinpanot	

Nimi	Päiväys
Netti-osoite	
Käyttäjänimi/Sisään-kirjautumistunnus	
Sala-sana	PIN-koodi
Varmennuskysymykset/muistiinpanot	

Nimi	Päiväys
Netti-osoite	
Käyttäjänimi/Sisään-kirjautumistunnus	
Sala-sana	PIN-koodi
Varmennuskysymykset/muistiinpanot	

Nimi	Päiväys
Netti-osoite	
Käyttäjänimi/Sisään-kirjautumistunnus	
Sala-sana	PIN-koodi
Varmennuskysymykset/muistiinpanot	

Nimi	Päiväys
Netti-osoite	
Käyttäjänimi/Sisään-kirjautumistunnus	
Sala-sana	PIN-koodi
Varmennuskysymykset/muistiinpanot	

Nimi	Päiväys
Netti-osoite	
Käyttäjänimi/Sisään-kirjautumistunnus	
Sala-sana	PIN-koodi
Varmennuskysymykset/muistiinpanot	

Nimi	Päiväys
Netti-osoite	
Käyttäjänimi/Sisään-kirjautumistunnus	
Sala-sana	PIN-koodi
Varmennuskysymykset/muistiinpanot	

Nimi	Päiväys
Netti-osoite	
Käyttäjänimi/Sisään-kirjautumistunnus	
Sala-sana	PIN-koodi
Varmennuskysymykset/muistiinpanot	

Nimi	Päiväys
Netti-osoite	
Käyttäjänimi/Sisään-kirjautumistunnus	
Sala-sana	PIN-koodi
Varmennuskysymykset/muistiinpanot	

Nimi	Päiväys
Netti-osoite	
Käyttäjänimi/Sisään-kirjautumistunnus	
Sala-sana	PIN-koodi
Varmennuskysymykset/muistiinpanot	

G

Nimi	Päiväys
Netti-osoite	
Käyttäjänimi/Sisään-kirjautumistunnus	
Sala-sana	PIN-koodi
Varmennuskysymykset/muistiinpanot	

Nimi	Päiväys
Netti-osoite	
Käyttäjänimi/Sisään-kirjautumistunnus	
Sala-sana	PIN-koodi
Varmennuskysymykset/muistiinpanot	

Nimi	Päiväys
Netti-osoite	
Käyttäjänimi/Sisään-kirjautumistunnus	
Sala-sana	PIN-koodi
Varmennuskysymykset/muistiinpanot	

Nimi	Päiväys

Netti-osoite	

Käyttäjänimi/Sisään-kirjautumistunnus

Sala-sana	PIN-koodi

Varmennuskysymykset/muistiinpanot

Nimi	Päiväys

Netti-osoite	

Käyttäjänimi/Sisään-kirjautumistunnus

Sala-sana	PIN-koodi

Varmennuskysymykset/muistiinpanot

Nimi	Päiväys

Netti-osoite	

Käyttäjänimi/Sisään-kirjautumistunnus

Sala-sana	PIN-koodi

Varmennuskysymykset/muistiinpanot

Nimi	Päiväys
Netti-osoite	
Käyttäjänimi/Sisään-kirjautumistunnus	
Sala-sana	PIN-koodi
Varmennuskysymykset/muistiinpanot	

Nimi	Päiväys
Netti-osoite	
Käyttäjänimi/Sisään-kirjautumistunnus	
Sala-sana	PIN-koodi
Varmennuskysymykset/muistiinpanot	

Nimi	Päiväys
Netti-osoite	
Käyttäjänimi/Sisään-kirjautumistunnus	
Sala-sana	PIN-koodi
Varmennuskysymykset/muistiinpanot	

Nimi	Päiväys
Netti-osoite	
Käyttäjänimi/Sisään-kirjautumistunnus	
Sala-sana	PIN-koodi
Varmennuskysymykset/muistiinpanot	

Nimi	Päiväys
Netti-osoite	
Käyttäjänimi/Sisään-kirjautumistunnus	
Sala-sana	PIN-koodi
Varmennuskysymykset/muistiinpanot	

Nimi	Päiväys
Netti-osoite	
Käyttäjänimi/Sisään-kirjautumistunnus	
Sala-sana	PIN-koodi
Varmennuskysymykset/muistiinpanot	

H

Nimi	Päiväys
Netti-osoite	
Käyttäjänimi/Sisään-kirjautumistunnus	
Sala-sana	PIN-koodi
Varmennuskysymykset/muistiinpanot	

Nimi	Päiväys
Netti-osoite	
Käyttäjänimi/Sisään-kirjautumistunnus	
Sala-sana	PIN-koodi
Varmennuskysymykset/muistiinpanot	

Nimi	Päiväys
Netti-osoite	
Käyttäjänimi/Sisään-kirjautumistunnus	
Sala-sana	PIN-koodi
Varmennuskysymykset/muistiinpanot	

Nimi	Päiväys
Netti-osoite	
Käyttäjänimi/Sisään-kirjautumistunnus	
Sala-sana	PIN-koodi
Varmennuskysymykset/muistiinpanot	

Nimi	Päiväys
Netti-osoite	
Käyttäjänimi/Sisään-kirjautumistunnus	
Sala-sana	PIN-koodi
Varmennuskysymykset/muistiinpanot	

Nimi	Päiväys
Netti-osoite	
Käyttäjänimi/Sisään-kirjautumistunnus	
Sala-sana	PIN-koodi
Varmennuskysymykset/muistiinpanot	

Nimi	Päiväys
Netti-osoite	
Käyttäjänimi/Sisään-kirjautumistunnus	
Sala-sana	PIN-koodi
Varmennuskysymykset/muistiinpanot	

Nimi	Päiväys
Netti-osoite	
Käyttäjänimi/Sisään-kirjautumistunnus	
Sala-sana	PIN-koodi
Varmennuskysymykset/muistiinpanot	

Nimi	Päiväys
Netti-osoite	
Käyttäjänimi/Sisään-kirjautumistunnus	
Sala-sana	PIN-koodi
Varmennuskysymykset/muistiinpanot	

Nimi	Päiväys
Netti-osoite	
Käyttäjänimi/Sisään-kirjautumistunnus	
Sala-sana	PIN-koodi
Varmennuskysymykset/muistiinpanot	

Nimi	Päiväys
Netti-osoite	
Käyttäjänimi/Sisään-kirjautumistunnus	
Sala-sana	PIN-koodi
Varmennuskysymykset/muistiinpanot	

Nimi	Päiväys
Netti-osoite	
Käyttäjänimi/Sisään-kirjautumistunnus	
Sala-sana	PIN-koodi
Varmennuskysymykset/muistiinpanot	

I

Nimi	Päiväys
Netti-osoite	
Käyttäjänimi/Sisään-kirjautumistunnus	
Sala-sana	PIN-koodi
Varmennuskysymykset/muistiinpanot	

Nimi	Päiväys
Netti-osoite	
Käyttäjänimi/Sisään-kirjautumistunnus	
Sala-sana	PIN-koodi
Varmennuskysymykset/muistiinpanot	

Nimi	Päiväys
Netti-osoite	
Käyttäjänimi/Sisään-kirjautumistunnus	
Sala-sana	PIN-koodi
Varmennuskysymykset/muistiinpanot	

Nimi	Päiväys
Netti-osoite	
Käyttäjänimi/Sisään-kirjautumistunnus	
Sala-sana	PIN-koodi
Varmennuskysymykset/muistiinpanot	

Nimi	Päiväys
Netti-osoite	
Käyttäjänimi/Sisään-kirjautumistunnus	
Sala-sana	PIN-koodi
Varmennuskysymykset/muistiinpanot	

Nimi	Päiväys
Netti-osoite	
Käyttäjänimi/Sisään-kirjautumistunnus	
Sala-sana	PIN-koodi
Varmennuskysymykset/muistiinpanot	

J

Nimi	Päiväys
Netti-osoite	
Käyttäjänimi/Sisään-kirjautumistunnus	
Sala-sana	PIN-koodi
Varmennuskysymykset/muistiinpanot	

Nimi	Päiväys
Netti-osoite	
Käyttäjänimi/Sisään-kirjautumistunnus	
Sala-sana	PIN-koodi
Varmennuskysymykset/muistiinpanot	

Nimi	Päiväys
Netti-osoite	
Käyttäjänimi/Sisään-kirjautumistunnus	
Sala-sana	PIN-koodi
Varmennuskysymykset/muistiinpanot	

Nimi	Päiväys
Netti-osoite	
Käyttäjänimi/Sisään-kirjautumistunnus	
Sala-sana	PIN-koodi
Varmennuskysymykset/muistiinpanot	

Nimi	Päiväys
Netti-osoite	
Käyttäjänimi/Sisään-kirjautumistunnus	
Sala-sana	PIN-koodi
Varmennuskysymykset/muistiinpanot	

Nimi	Päiväys
Netti-osoite	
Käyttäjänimi/Sisään-kirjautumistunnus	
Sala-sana	PIN-koodi
Varmennuskysymykset/muistiinpanot	

J

Nimi	Päiväys
Netti-osoite	
Käyttäjänimi/Sisään-kirjautumistunnus	
Sala-sana	PIN-koodi
Varmennuskysymykset/muistiinpanot	

Nimi	Päiväys
Netti-osoite	
Käyttäjänimi/Sisään-kirjautumistunnus	
Sala-sana	PIN-koodi
Varmennuskysymykset/muistiinpanot	

Nimi	Päiväys
Netti-osoite	
Käyttäjänimi/Sisään-kirjautumistunnus	
Sala-sana	PIN-koodi
Varmennuskysymykset/muistiinpanot	

Nimi	Päiväys
Netti-osoite	
Käyttäjänimi/Sisään-kirjautumistunnus	
Sala-sana	PIN-koodi
Varmennuskysymykset/muistiinpanot	

Nimi	Päiväys
Netti-osoite	
Käyttäjänimi/Sisään-kirjautumistunnus	
Sala-sana	PIN-koodi
Varmennuskysymykset/muistiinpanot	

Nimi	Päiväys
Netti-osoite	
Käyttäjänimi/Sisään-kirjautumistunnus	
Sala-sana	PIN-koodi
Varmennuskysymykset/muistiinpanot	

K

Nimi	Päiväys
Netti-osoite	
Käyttäjänimi/Sisään-kirjautumistunnus	
Sala-sana	PIN-koodi
Varmennuskysymykset/muistiinpanot	

Nimi	Päiväys
Netti-osoite	
Käyttäjänimi/Sisään-kirjautumistunnus	
Sala-sana	PIN-koodi
Varmennuskysymykset/muistiinpanot	

Nimi	Päiväys
Netti-osoite	
Käyttäjänimi/Sisään-kirjautumistunnus	
Sala-sana	PIN-koodi
Varmennuskysymykset/muistiinpanot	

K

Nimi	Päiväys
Netti-osoite	
Käyttäjänimi/Sisään-kirjautumistunnus	
Sala-sana	PIN-koodi
Varmennuskysymykset/muistiinpanot	

Nimi	Päiväys
Netti-osoite	
Käyttäjänimi/Sisään-kirjautumistunnus	
Sala-sana	PIN-koodi
Varmennuskysymykset/muistiinpanot	

Nimi	Päiväys
Netti-osoite	
Käyttäjänimi/Sisään-kirjautumistunnus	
Sala-sana	PIN-koodi
Varmennuskysymykset/muistiinpanot	

K

Nimi	Päiväys
Netti-osoite	
Käyttäjänimi/Sisään-kirjautumistunnus	
Sala-sana	PIN-koodi
Varmennuskysymykset/muistiinpanot	

Nimi	Päiväys
Netti-osoite	
Käyttäjänimi/Sisään-kirjautumistunnus	
Sala-sana	PIN-koodi
Varmennuskysymykset/muistiinpanot	

Nimi	Päiväys
Netti-osoite	
Käyttäjänimi/Sisään-kirjautumistunnus	
Sala-sana	PIN-koodi
Varmennuskysymykset/muistiinpanot	

Nimi	Päiväys
Netti-osoite	
Käyttäjänimi/Sisään-kirjautumistunnus	
Sala-sana	PIN-koodi
Varmennuskysymykset/muistiinpanot	

Nimi	Päiväys
Netti-osoite	
Käyttäjänimi/Sisään-kirjautumistunnus	
Sala-sana	PIN-koodi
Varmennuskysymykset/muistiinpanot	

Nimi	Päiväys
Netti-osoite	
Käyttäjänimi/Sisään-kirjautumistunnus	
Sala-sana	PIN-koodi
Varmennuskysymykset/muistiinpanot	

L

Nimi	Päiväys
Netti-osoite	
Käyttäjänimi/Sisään-kirjautumistunnus	
Sala-sana	PIN-koodi
Varmennuskysymykset/muistiinpanot	

Nimi	Päiväys
Netti-osoite	
Käyttäjänimi/Sisään-kirjautumistunnus	
Sala-sana	PIN-koodi
Varmennuskysymykset/muistiinpanot	

Nimi	Päiväys
Netti-osoite	
Käyttäjänimi/Sisään-kirjautumistunnus	
Sala-sana	PIN-koodi
Varmennuskysymykset/muistiinpanot	

Nimi	Päiväys
Netti-osoite	
Käyttäjänimi/Sisään-kirjautumistunnus	
Sala-sana	PIN-koodi
Varmennuskysymykset/muistiinpanot	

Nimi	Päiväys
Netti-osoite	
Käyttäjänimi/Sisään-kirjautumistunnus	
Sala-sana	PIN-koodi
Varmennuskysymykset/muistiinpanot	

Nimi	Päiväys
Netti-osoite	
Käyttäjänimi/Sisään-kirjautumistunnus	
Sala-sana	PIN-koodi
Varmennuskysymykset/muistiinpanot	

Nimi	Päiväys
Netti-osoite	
Käyttäjänimi/Sisään-kirjautumistunnus	
Sala-sana	PIN-koodi
Varmennuskysymykset/muistiinpanot	

Nimi	Päiväys
Netti-osoite	
Käyttäjänimi/Sisään-kirjautumistunnus	
Sala-sana	PIN-koodi
Varmennuskysymykset/muistiinpanot	

Nimi	Päiväys
Netti-osoite	
Käyttäjänimi/Sisään-kirjautumistunnus	
Sala-sana	PIN-koodi
Varmennuskysymykset/muistiinpanot	

Nimi	Päiväys
Netti-osoite	
Käyttäjänimi/Sisään-kirjautumistunnus	
Sala-sana	PIN-koodi
Varmennuskysymykset/muistiinpanot	

Nimi	Päiväys
Netti-osoite	
Käyttäjänimi/Sisään-kirjautumistunnus	
Sala-sana	PIN-koodi
Varmennuskysymykset/muistiinpanot	

Nimi	Päiväys
Netti-osoite	
Käyttäjänimi/Sisään-kirjautumistunnus	
Sala-sana	PIN-koodi
Varmennuskysymykset/muistiinpanot	

Nimi	Päiväys
Netti-osoite	
Käyttäjänimi/Sisään-kirjautumistunnus	
Sala-sana	PIN-koodi
Varmennuskysymykset/muistiinpanot	

Nimi	Päiväys
Netti-osoite	
Käyttäjänimi/Sisään-kirjautumistunnus	
Sala-sana	PIN-koodi
Varmennuskysymykset/muistiinpanot	

Nimi	Päiväys
Netti-osoite	
Käyttäjänimi/Sisään-kirjautumistunnus	
Sala-sana	PIN-koodi
Varmennuskysymykset/muistiinpanot	

Nimi	Päiväys
Netti-osoite	
Käyttäjänimi/Sisään-kirjautumistunnus	
Sala-sana	PIN-koodi
Varmennuskysymykset/muistiinpanot	

Nimi	Päiväys
Netti-osoite	
Käyttäjänimi/Sisään-kirjautumistunnus	
Sala-sana	PIN-koodi
Varmennuskysymykset/muistiinpanot	

Nimi	Päiväys
Netti-osoite	
Käyttäjänimi/Sisään-kirjautumistunnus	
Sala-sana	PIN-koodi
Varmennuskysymykset/muistiinpanot	

M

Nimi	Päiväys
Netti-osoite	
Käyttäjänimi/Sisään-kirjautumistunnus	
Sala-sana	PIN-koodi
Varmennuskysymykset/muistiinpanot	

Nimi	Päiväys
Netti-osoite	
Käyttäjänimi/Sisään-kirjautumistunnus	
Sala-sana	PIN-koodi
Varmennuskysymykset/muistiinpanot	

Nimi	Päiväys
Netti-osoite	
Käyttäjänimi/Sisään-kirjautumistunnus	
Sala-sana	PIN-koodi
Varmennuskysymykset/muistiinpanot	

Nimi	Päiväys
Netti-osoite	
Käyttäjänimi/Sisään-kirjautumistunnus	
Sala-sana	PIN-koodi
Varmennuskysymykset/muistiinpanot	

Nimi	Päiväys
Netti-osoite	
Käyttäjänimi/Sisään-kirjautumistunnus	
Sala-sana	PIN-koodi
Varmennuskysymykset/muistiinpanot	

Nimi	Päiväys
Netti-osoite	
Käyttäjänimi/Sisään-kirjautumistunnus	
Sala-sana	PIN-koodi
Varmennuskysymykset/muistiinpanot	

Nimi	Päiväys
Netti-osoite	
Käyttäjänimi/Sisään-kirjautumistunnus	
Sala-sana	PIN-koodi
Varmennuskysymykset/muistiinpanot	

Nimi	Päiväys
Netti-osoite	
Käyttäjänimi/Sisään-kirjautumistunnus	
Sala-sana	PIN-koodi
Varmennuskysymykset/muistiinpanot	

Nimi	Päiväys
Netti-osoite	
Käyttäjänimi/Sisään-kirjautumistunnus	
Sala-sana	PIN-koodi
Varmennuskysymykset/muistiinpanot	

Nimi	Päiväys
Netti-osoite	
Käyttäjänimi/Sisään-kirjautumistunnus	
Sala-sana	PIN-koodi
Varmennuskysymykset/muistiinpanot	

Nimi	Päiväys
Netti-osoite	
Käyttäjänimi/Sisään-kirjautumistunnus	
Sala-sana	PIN-koodi
Varmennuskysymykset/muistiinpanot	

Nimi	Päiväys
Netti-osoite	
Käyttäjänimi/Sisään-kirjautumistunnus	
Sala-sana	PIN-koodi
Varmennuskysymykset/muistiinpanot	

Nimi	Päiväys
Netti-osoite	
Käyttäjänimi/Sisään-kirjautumistunnus	
Sala-sana	PIN-koodi
Varmennuskysymykset/muistiinpanot	

Nimi	Päiväys
Netti-osoite	
Käyttäjänimi/Sisään-kirjautumistunnus	
Sala-sana	PIN-koodi
Varmennuskysymykset/muistiinpanot	

Nimi	Päiväys
Netti-osoite	
Käyttäjänimi/Sisään-kirjautumistunnus	
Sala-sana	PIN-koodi
Varmennuskysymykset/muistiinpanot	

O

Nimi	Päiväys
Netti-osoite	
Käyttäjänimi/Sisään-kirjautumistunnus	
Sala-sana	PIN-koodi
Varmennuskysymykset/muistiinpanot	

Nimi	Päiväys
Netti-osoite	
Käyttäjänimi/Sisään-kirjautumistunnus	
Sala-sana	PIN-koodi
Varmennuskysymykset/muistiinpanot	

Nimi	Päiväys
Netti-osoite	
Käyttäjänimi/Sisään-kirjautumistunnus	
Sala-sana	PIN-koodi
Varmennuskysymykset/muistiinpanot	

Nimi	Päiväys
Netti-osoite	
Käyttäjänimi/Sisään-kirjautumistunnus	
Sala-sana	PIN-koodi
Varmennuskysymykset/muistiinpanot	

Nimi	Päiväys
Netti-osoite	
Käyttäjänimi/Sisään-kirjautumistunnus	
Sala-sana	PIN-koodi
Varmennuskysymykset/muistiinpanot	

Nimi	Päiväys
Netti-osoite	
Käyttäjänimi/Sisään-kirjautumistunnus	
Sala-sana	PIN-koodi
Varmennuskysymykset/muistiinpanot	

Nimi	Päiväys
Netti-osoite	
Käyttäjänimi/Sisään-kirjautumistunnus	
Sala-sana	PIN-koodi
Varmennuskysymykset/muistiinpanot	

Nimi	Päiväys
Netti-osoite	
Käyttäjänimi/Sisään-kirjautumistunnus	
Sala-sana	PIN-koodi
Varmennuskysymykset/muistiinpanot	

Nimi	Päiväys
Netti-osoite	
Käyttäjänimi/Sisään-kirjautumistunnus	
Sala-sana	PIN-koodi
Varmennuskysymykset/muistiinpanot	

Nimi	Päiväys
Netti-osoite	
Käyttäjänimi/Sisään-kirjautumistunnus	
Sala-sana	PIN-koodi
Varmennuskysymykset/muistiinpanot	

Nimi	Päiväys
Netti-osoite	
Käyttäjänimi/Sisään-kirjautumistunnus	
Sala-sana	PIN-koodi
Varmennuskysymykset/muistiinpanot	

Nimi	Päiväys
Netti-osoite	
Käyttäjänimi/Sisään-kirjautumistunnus	
Sala-sana	PIN-koodi
Varmennuskysymykset/muistiinpanot	

Nimi	Päiväys
Netti-osoite	
Käyttäjänimi/Sisään-kirjautumistunnus	
Sala-sana	PIN-koodi
Varmennuskysymykset/muistiinpanot	

Nimi	Päiväys
Netti-osoite	
Käyttäjänimi/Sisään-kirjautumistunnus	
Sala-sana	PIN-koodi
Varmennuskysymykset/muistiinpanot	

Nimi	Päiväys
Netti-osoite	
Käyttäjänimi/Sisään-kirjautumistunnus	
Sala-sana	PIN-koodi
Varmennuskysymykset/muistiinpanot	

P

Nimi	Päiväys
Netti-osoite	
Käyttäjänimi/Sisään-kirjautumistunnus	
Sala-sana	PIN-koodi
Varmennuskysymykset/muistiinpanot	

Nimi	Päiväys
Netti-osoite	
Käyttäjänimi/Sisään-kirjautumistunnus	
Sala-sana	PIN-koodi
Varmennuskysymykset/muistiinpanot	

Nimi	Päiväys
Netti-osoite	
Käyttäjänimi/Sisään-kirjautumistunnus	
Sala-sana	PIN-koodi
Varmennuskysymykset/muistiinpanot	

Nimi	Päiväys
Netti-osoite	
Käyttäjänimi/Sisään-kirjautumistunnus	
Sala-sana	PIN-koodi
Varmennuskysymykset/muistiinpanot	

Nimi	Päiväys
Netti-osoite	
Käyttäjänimi/Sisään-kirjautumistunnus	
Sala-sana	PIN-koodi
Varmennuskysymykset/muistiinpanot	

Nimi	Päiväys
Netti-osoite	
Käyttäjänimi/Sisään-kirjautumistunnus	
Sala-sana	PIN-koodi
Varmennuskysymykset/muistiinpanot	

P

Nimi	Päiväys
Netti-osoite	
Käyttäjänimi/Sisään-kirjautumistunnus	
Sala-sana	PIN-koodi
Varmennuskysymykset/muistiinpanot	

Nimi	Päiväys
Netti-osoite	
Käyttäjänimi/Sisään-kirjautumistunnus	
Sala-sana	PIN-koodi
Varmennuskysymykset/muistiinpanot	

Nimi	Päiväys
Netti-osoite	
Käyttäjänimi/Sisään-kirjautumistunnus	
Sala-sana	PIN-koodi
Varmennuskysymykset/muistiinpanot	

Nimi	Päiväys
Netti-osoite	
Käyttäjänimi/Sisään-kirjautumistunnus	
Sala-sana	PIN-koodi
Varmennuskysymykset/muistiinpanot	

Nimi	Päiväys
Netti-osoite	
Käyttäjänimi/Sisään-kirjautumistunnus	
Sala-sana	PIN-koodi
Varmennuskysymykset/muistiinpanot	

Nimi	Päiväys
Netti-osoite	
Käyttäjänimi/Sisään-kirjautumistunnus	
Sala-sana	PIN-koodi
Varmennuskysymykset/muistiinpanot	

Nimi	Päiväys
Netti-osoite	
Käyttäjänimi/Sisään-kirjautumistunnus	
Sala-sana	PIN-koodi
Varmennuskysymykset/muistiinpanot	

Nimi	Päiväys
Netti-osoite	
Käyttäjänimi/Sisään-kirjautumistunnus	
Sala-sana	PIN-koodi
Varmennuskysymykset/muistiinpanot	

Nimi	Päiväys
Netti-osoite	
Käyttäjänimi/Sisään-kirjautumistunnus	
Sala-sana	PIN-koodi
Varmennuskysymykset/muistiinpanot	

Nimi	Päiväys
Netti-osoite	
Käyttäjänimi/Sisään-kirjautumistunnus	
Sala-sana	PIN-koodi
Varmennuskysymykset/muistiinpanot	

Nimi	Päiväys
Netti-osoite	
Käyttäjänimi/Sisään-kirjautumistunnus	
Sala-sana	PIN-koodi
Varmennuskysymykset/muistiinpanot	

Nimi	Päiväys
Netti-osoite	
Käyttäjänimi/Sisään-kirjautumistunnus	
Sala-sana	PIN-koodi
Varmennuskysymykset/muistiinpanot	

Nimi	Päiväys
Netti-osoite	
Käyttäjänimi/Sisään-kirjautumistunnus	
Sala-sana	PIN-koodi
Varmennuskysymykset/muistiinpanot	

Nimi	Päiväys
Netti-osoite	
Käyttäjänimi/Sisään-kirjautumistunnus	
Sala-sana	PIN-koodi
Varmennuskysymykset/muistiinpanot	

Nimi	Päiväys
Netti-osoite	
Käyttäjänimi/Sisään-kirjautumistunnus	
Sala-sana	PIN-koodi
Varmennuskysymykset/muistiinpanot	

Nimi	Päiväys
Netti-osoite	
Käyttäjänimi/Sisään-kirjautumistunnus	
Sala-sana	PIN-koodi
Varmennuskysymykset/muistiinpanot	

Nimi	Päiväys
Netti-osoite	
Käyttäjänimi/Sisään-kirjautumistunnus	
Sala-sana	PIN-koodi
Varmennuskysymykset/muistiinpanot	

Nimi	Päiväys
Netti-osoite	
Käyttäjänimi/Sisään-kirjautumistunnus	
Sala-sana	PIN-koodi
Varmennuskysymykset/muistiinpanot	

R

Nimi	Päiväys
Netti-osoite	
Käyttäjänimi/Sisään-kirjautumistunnus	
Sala-sana	PIN-koodi
Varmennuskysymykset/muistiinpanot	

Nimi	Päiväys
Netti-osoite	
Käyttäjänimi/Sisään-kirjautumistunnus	
Sala-sana	PIN-koodi
Varmennuskysymykset/muistiinpanot	

Nimi	Päiväys
Netti-osoite	
Käyttäjänimi/Sisään-kirjautumistunnus	
Sala-sana	PIN-koodi
Varmennuskysymykset/muistiinpanot	

Nimi	Päiväys
Netti-osoite	
Käyttäjänimi/Sisään-kirjautumistunnus	
Sala-sana	PIN-koodi
Varmennuskysymykset/muistiinpanot	

Nimi	Päiväys
Netti-osoite	
Käyttäjänimi/Sisään-kirjautumistunnus	
Sala-sana	PIN-koodi
Varmennuskysymykset/muistiinpanot	

Nimi	Päiväys
Netti-osoite	
Käyttäjänimi/Sisään-kirjautumistunnus	
Sala-sana	PIN-koodi
Varmennuskysymykset/muistiinpanot	

R

Nimi	Päiväys
Netti-osoite	
Käyttäjänimi/Sisään-kirjautumistunnus	
Sala-sana	PIN-koodi
Varmennuskysymykset/muistiinpanot	

Nimi	Päiväys
Netti-osoite	
Käyttäjänimi/Sisään-kirjautumistunnus	
Sala-sana	PIN-koodi
Varmennuskysymykset/muistiinpanot	

Nimi	Päiväys
Netti-osoite	
Käyttäjänimi/Sisään-kirjautumistunnus	
Sala-sana	PIN-koodi
Varmennuskysymykset/muistiinpanot	

Nimi	Päiväys
Netti-osoite	
Käyttäjänimi/Sisään-kirjautumistunnus	
Sala-sana	PIN-koodi
Varmennuskysymykset/muistiinpanot	

Nimi	Päiväys
Netti-osoite	
Käyttäjänimi/Sisään-kirjautumistunnus	
Sala-sana	PIN-koodi
Varmennuskysymykset/muistiinpanot	

Nimi	Päiväys
Netti-osoite	
Käyttäjänimi/Sisään-kirjautumistunnus	
Sala-sana	PIN-koodi
Varmennuskysymykset/muistiinpanot	

S

Nimi	Päiväys
Netti-osoite	
Käyttäjänimi/Sisään-kirjautumistunnus	
Sala-sana	PIN-koodi
Varmennuskysymykset/muistiinpanot	

Nimi	Päiväys
Netti-osoite	
Käyttäjänimi/Sisään-kirjautumistunnus	
Sala-sana	PIN-koodi
Varmennuskysymykset/muistiinpanot	

Nimi	Päiväys
Netti-osoite	
Käyttäjänimi/Sisään-kirjautumistunnus	
Sala-sana	PIN-koodi
Varmennuskysymykset/muistiinpanot	

Nimi	Päiväys
Netti-osoite	
Käyttäjänimi/Sisään-kirjautumistunnus	
Sala-sana	PIN-koodi
Varmennuskysymykset/muistiinpanot	

Nimi	Päiväys
Netti-osoite	
Käyttäjänimi/Sisään-kirjautumistunnus	
Sala-sana	PIN-koodi
Varmennuskysymykset/muistiinpanot	

Nimi	Päiväys
Netti-osoite	
Käyttäjänimi/Sisään-kirjautumistunnus	
Sala-sana	PIN-koodi
Varmennuskysymykset/muistiinpanot	

S

Nimi	Päiväys
Netti-osoite	
Käyttäjänimi/Sisään-kirjautumistunnus	
Sala-sana	PIN-koodi
Varmennuskysymykset/muistiinpanot	

Nimi	Päiväys
Netti-osoite	
Käyttäjänimi/Sisään-kirjautumistunnus	
Sala-sana	PIN-koodi
Varmennuskysymykset/muistiinpanot	

Nimi	Päiväys
Netti-osoite	
Käyttäjänimi/Sisään-kirjautumistunnus	
Sala-sana	PIN-koodi
Varmennuskysymykset/muistiinpanot	

Nimi	Päiväys
Netti-osoite	
Käyttäjänimi/Sisään-kirjautumistunnus	
Sala-sana	PIN-koodi
Varmennuskysymykset/muistiinpanot	

Nimi	Päiväys
Netti-osoite	
Käyttäjänimi/Sisään-kirjautumistunnus	
Sala-sana	PIN-koodi
Varmennuskysymykset/muistiinpanot	

Nimi	Päiväys
Netti-osoite	
Käyttäjänimi/Sisään-kirjautumistunnus	
Sala-sana	PIN-koodi
Varmennuskysymykset/muistiinpanot	

T

Nimi	Päiväys
Netti-osoite	
Käyttäjänimi/Sisään-kirjautumistunnus	
Sala-sana	PIN-koodi
Varmennuskysymykset/muistiinpanot	

Nimi	Päiväys
Netti-osoite	
Käyttäjänimi/Sisään-kirjautumistunnus	
Sala-sana	PIN-koodi
Varmennuskysymykset/muistiinpanot	

Nimi	Päiväys
Netti-osoite	
Käyttäjänimi/Sisään-kirjautumistunnus	
Sala-sana	PIN-koodi
Varmennuskysymykset/muistiinpanot	

Nimi	Päiväys
Netti-osoite	
Käyttäjänimi/Sisään-kirjautumistunnus	
Sala-sana	PIN-koodi
Varmennuskysymykset/muistiinpanot	

Nimi	Päiväys
Netti-osoite	
Käyttäjänimi/Sisään-kirjautumistunnus	
Sala-sana	PIN-koodi
Varmennuskysymykset/muistiinpanot	

Nimi	Päiväys
Netti-osoite	
Käyttäjänimi/Sisään-kirjautumistunnus	
Sala-sana	PIN-koodi
Varmennuskysymykset/muistiinpanot	

T

Nimi	Päiväys
Netti-osoite	
Käyttäjänimi/Sisään-kirjautumistunnus	
Sala-sana	PIN-koodi
Varmennuskysymykset/muistiinpanot	

Nimi	Päiväys
Netti-osoite	
Käyttäjänimi/Sisään-kirjautumistunnus	
Sala-sana	PIN-koodi
Varmennuskysymykset/muistiinpanot	

Nimi	Päiväys
Netti-osoite	
Käyttäjänimi/Sisään-kirjautumistunnus	
Sala-sana	PIN-koodi
Varmennuskysymykset/muistiinpanot	

Nimi	Päiväys
Netti-osoite	
Käyttäjänimi/Sisään-kirjautumistunnus	
Sala-sana	PIN-koodi
Varmennuskysymykset/muistiinpanot	

Nimi	Päiväys
Netti-osoite	
Käyttäjänimi/Sisään-kirjautumistunnus	
Sala-sana	PIN-koodi
Varmennuskysymykset/muistiinpanot	

Nimi	Päiväys
Netti-osoite	
Käyttäjänimi/Sisään-kirjautumistunnus	
Sala-sana	PIN-koodi
Varmennuskysymykset/muistiinpanot	

U

Nimi	Päiväys
Netti-osoite	
Käyttäjänimi/Sisään-kirjautumistunnus	
Sala-sana	PIN-koodi
Varmennuskysymykset/muistiinpanot	

Nimi	Päiväys
Netti-osoite	
Käyttäjänimi/Sisään-kirjautumistunnus	
Sala-sana	PIN-koodi
Varmennuskysymykset/muistiinpanot	

Nimi	Päiväys
Netti-osoite	
Käyttäjänimi/Sisään-kirjautumistunnus	
Sala-sana	PIN-koodi
Varmennuskysymykset/muistiinpanot	

Nimi	Päiväys
Netti-osoite	
Käyttäjänimi/Sisään-kirjautumistunnus	
Sala-sana	PIN-koodi
Varmennuskysymykset/muistiinpanot	

Nimi	Päiväys
Netti-osoite	
Käyttäjänimi/Sisään-kirjautumistunnus	
Sala-sana	PIN-koodi
Varmennuskysymykset/muistiinpanot	

Nimi	Päiväys
Netti-osoite	
Käyttäjänimi/Sisään-kirjautumistunnus	
Sala-sana	PIN-koodi
Varmennuskysymykset/muistiinpanot	

U

Nimi	Päiväys
Netti-osoite	
Käyttäjänimi/Sisään-kirjautumistunnus	
Sala-sana	PIN-koodi
Varmennuskysymykset/muistiinpanot	

Nimi	Päiväys
Netti-osoite	
Käyttäjänimi/Sisään-kirjautumistunnus	
Sala-sana	PIN-koodi
Varmennuskysymykset/muistiinpanot	

Nimi	Päiväys
Netti-osoite	
Käyttäjänimi/Sisään-kirjautumistunnus	
Sala-sana	PIN-koodi
Varmennuskysymykset/muistiinpanot	

Nimi	Päiväys
Netti-osoite	
Käyttäjänimi/Sisään-kirjautumistunnus	
Sala-sana	PIN-koodi
Varmennuskysymykset/muistiinpanot	

Nimi	Päiväys
Netti-osoite	
Käyttäjänimi/Sisään-kirjautumistunnus	
Sala-sana	PIN-koodi
Varmennuskysymykset/muistiinpanot	

Nimi	Päiväys
Netti-osoite	
Käyttäjänimi/Sisään-kirjautumistunnus	
Sala-sana	PIN-koodi
Varmennuskysymykset/muistiinpanot	

Nimi	Päiväys
Netti- osoite	
Käyttäjänimi/Sisään- kirjautumistunnus	
Sala- sana	PIN- koodi
Varmennuskysymykset/muistiinpanot	

Nimi	Päiväys
Netti- osoite	
Käyttäjänimi/Sisään- kirjautumistunnus	
Sala- sana	PIN- koodi
Varmennuskysymykset/muistiinpanot	

Nimi	Päiväys
Netti- osoite	
Käyttäjänimi/Sisään- kirjautumistunnus	
Sala- sana	PIN- koodi
Varmennuskysymykset/muistiinpanot	

Nimi	Päiväys
Netti-osoite	
Käyttäjänimi/Sisään-kirjautumistunnus	
Sala-sana	PIN-koodi
Varmennuskysymykset/muistiinpanot	

Nimi	Päiväys
Netti-osoite	
Käyttäjänimi/Sisään-kirjautumistunnus	
Sala-sana	PIN-koodi
Varmennuskysymykset/muistiinpanot	

Nimi	Päiväys
Netti-osoite	
Käyttäjänimi/Sisään-kirjautumistunnus	
Sala-sana	PIN-koodi
Varmennuskysymykset/muistiinpanot	

Nimi	Päiväys
Netti-osoite	
Käyttäjänimi/Sisään-kirjautumistunnus	
Sala-sana	PIN-koodi
Varmennuskysymykset/muistiinpanot	

Nimi	Päiväys
Netti-osoite	
Käyttäjänimi/Sisään-kirjautumistunnus	
Sala-sana	PIN-koodi
Varmennuskysymykset/muistiinpanot	

Nimi	Päiväys
Netti-osoite	
Käyttäjänimi/Sisään-kirjautumistunnus	
Sala-sana	PIN-koodi
Varmennuskysymykset/muistiinpanot	

Nimi	Päiväys
Netti-osoite	
Käyttäjänimi/Sisään-kirjautumistunnus	
Sala-sana	PIN-koodi
Varmennuskysymykset/muistiinpanot	

Nimi	Päiväys
Netti-osoite	
Käyttäjänimi/Sisään-kirjautumistunnus	
Sala-sana	PIN-koodi
Varmennuskysymykset/muistiinpanot	

Nimi	Päiväys
Netti-osoite	
Käyttäjänimi/Sisään-kirjautumistunnus	
Sala-sana	PIN-koodi
Varmennuskysymykset/muistiinpanot	

Nimi	Päiväys
Netti-osoite	
Käyttäjänimi/Sisään-kirjautumistunnus	
Sala-sana	PIN-koodi
Varmennuskysymykset/muistiinpanot	

Nimi	Päiväys
Netti-osoite	
Käyttäjänimi/Sisään-kirjautumistunnus	
Sala-sana	PIN-koodi
Varmennuskysymykset/muistiinpanot	

Nimi	Päiväys
Netti-osoite	
Käyttäjänimi/Sisään-kirjautumistunnus	
Sala-sana	PIN-koodi
Varmennuskysymykset/muistiinpanot	

Nimi	Päiväys
Netti-osoite	
Käyttäjänimi/Sisään-kirjautumistunnus	
Sala-sana	PIN-koodi
Varmennuskysymykset/muistiinpanot	

Nimi	Päiväys
Netti-osoite	
Käyttäjänimi/Sisään-kirjautumistunnus	
Sala-sana	PIN-koodi
Varmennuskysymykset/muistiinpanot	

Nimi	Päiväys
Netti-osoite	
Käyttäjänimi/Sisään-kirjautumistunnus	
Sala-sana	PIN-koodi
Varmennuskysymykset/muistiinpanot	

Nimi	Päiväys
Netti-osoite	
Käyttäjänimi/Sisään-kirjautumistunnus	
Sala-sana	PIN-koodi
Varmennuskysymykset/muistiinpanot	

Nimi	Päiväys
Netti-osoite	
Käyttäjänimi/Sisään-kirjautumistunnus	
Sala-sana	PIN-koodi
Varmennuskysymykset/muistiinpanot	

Nimi	Päiväys
Netti-osoite	
Käyttäjänimi/Sisään-kirjautumistunnus	
Sala-sana	PIN-koodi
Varmennuskysymykset/muistiinpanot	

X

Nimi	Päiväys
Netti-osoite	
Käyttäjänimi/Sisään-kirjautumistunnus	
Sala-sana	PIN-koodi
Varmennuskysymykset/muistiinpanot	

Nimi	Päiväys
Netti-osoite	
Käyttäjänimi/Sisään-kirjautumistunnus	
Sala-sana	PIN-koodi
Varmennuskysymykset/muistiinpanot	

Nimi	Päiväys
Netti-osoite	
Käyttäjänimi/Sisään-kirjautumistunnus	
Sala-sana	PIN-koodi
Varmennuskysymykset/muistiinpanot	

Nimi	Päiväys
Netti-osoite	
Käyttäjänimi/Sisään-kirjautumistunnus	
Sala-sana	PIN-koodi
Varmennuskysymykset/muistiinpanot	

Nimi	Päiväys
Netti-osoite	
Käyttäjänimi/Sisään-kirjautumistunnus	
Sala-sana	PIN-koodi
Varmennuskysymykset/muistiinpanot	

Nimi	Päiväys
Netti-osoite	
Käyttäjänimi/Sisään-kirjautumistunnus	
Sala-sana	PIN-koodi
Varmennuskysymykset/muistiinpanot	

Nimi	Päiväys
Netti-osoite	
Käyttäjänimi/Sisään-kirjautumistunnus	
Sala-sana	PIN-koodi
Varmennuskysymykset/muistiinpanot	

Nimi	Päiväys
Netti-osoite	
Käyttäjänimi/Sisään-kirjautumistunnus	
Sala-sana	PIN-koodi
Varmennuskysymykset/muistiinpanot	

Nimi	Päiväys
Netti-osoite	
Käyttäjänimi/Sisään-kirjautumistunnus	
Sala-sana	PIN-koodi
Varmennuskysymykset/muistiinpanot	

Nimi	Päiväys
Netti-osoite	
Käyttäjänimi/Sisään-kirjautumistunnus	
Sala-sana	PIN-koodi
Varmennuskysymykset/muistiinpanot	

Nimi	Päiväys
Netti-osoite	
Käyttäjänimi/Sisään-kirjautumistunnus	
Sala-sana	PIN-koodi
Varmennuskysymykset/muistiinpanot	

Nimi	Päiväys
Netti-osoite	
Käyttäjänimi/Sisään-kirjautumistunnus	
Sala-sana	PIN-koodi
Varmennuskysymykset/muistiinpanot	

Nimi	Päiväys
Netti-osoite	
Käyttäjänimi/Sisään-kirjautumistunnus	
Sala-sana	PIN-koodi
Varmennuskysymykset/muistiinpanot	

Nimi	Päiväys
Netti-osoite	
Käyttäjänimi/Sisään-kirjautumistunnus	
Sala-sana	PIN-koodi
Varmennuskysymykset/muistiinpanot	

Nimi	Päiväys
Netti-osoite	
Käyttäjänimi/Sisään-kirjautumistunnus	
Sala-sana	PIN-koodi
Varmennuskysymykset/muistiinpanot	

Y

Nimi	Päiväys
Netti-osoite	
Käyttäjänimi/Sisään-kirjautumistunnus	
Sala-sana	PIN-koodi
Varmennuskysymykset/muistiinpanot	

Nimi	Päiväys
Netti-osoite	
Käyttäjänimi/Sisään-kirjautumistunnus	
Sala-sana	PIN-koodi
Varmennuskysymykset/muistiinpanot	

Nimi	Päiväys
Netti-osoite	
Käyttäjänimi/Sisään-kirjautumistunnus	
Sala-sana	PIN-koodi
Varmennuskysymykset/muistiinpanot	

Nimi	Päiväys
Netti-osoite	
Käyttäjänimi/Sisään-kirjautumistunnus	
Sala-sana	PIN-koodi
Varmennuskysymykset/muistiinpanot	

Nimi	Päiväys
Netti-osoite	
Käyttäjänimi/Sisään-kirjautumistunnus	
Sala-sana	PIN-koodi
Varmennuskysymykset/muistiinpanot	

Nimi	Päiväys
Netti-osoite	
Käyttäjänimi/Sisään-kirjautumistunnus	
Sala-sana	PIN-koodi
Varmennuskysymykset/muistiinpanot	

Nimi	Päiväys
Netti-osoite	
Käyttäjänimi/Sisään-kirjautumistunnus	
Sala-sana	PIN-koodi
Varmennuskysymykset/muistiinpanot	

Nimi	Päiväys
Netti-osoite	
Käyttäjänimi/Sisään-kirjautumistunnus	
Sala-sana	PIN-koodi
Varmennuskysymykset/muistiinpanot	

Nimi	Päiväys
Netti-osoite	
Käyttäjänimi/Sisään-kirjautumistunnus	
Sala-sana	PIN-koodi
Varmennuskysymykset/muistiinpanot	

Nimi	Päiväys
Netti-osoite	
Käyttäjänimi/Sisään-kirjautumistunnus	
Sala-sana	PIN-koodi
Varmennuskysymykset/muistiinpanot	

Nimi	Päiväys
Netti-osoite	
Käyttäjänimi/Sisään-kirjautumistunnus	
Sala-sana	PIN-koodi
Varmennuskysymykset/muistiinpanot	

Nimi	Päiväys
Netti-osoite	
Käyttäjänimi/Sisään-kirjautumistunnus	
Sala-sana	PIN-koodi
Varmennuskysymykset/muistiinpanot	

Nimi	Päiväys
Netti-osoite	
Käyttäjänimi/Sisään-kirjautumistunnus	
Sala-sana	PIN-koodi
Varmennuskysymykset/muistiinpanot	

Nimi	Päiväys
Netti-osoite	
Käyttäjänimi/Sisään-kirjautumistunnus	
Sala-sana	PIN-koodi
Varmennuskysymykset/muistiinpanot	

Nimi	Päiväys
Netti-osoite	
Käyttäjänimi/Sisään-kirjautumistunnus	
Sala-sana	PIN-koodi
Varmennuskysymykset/muistiinpanot	

Nimi	Päiväys
Netti-osoite	
Käyttäjänimi/Sisään-kirjautumistunnus	
Sala-sana	PIN-koodi
Varmennuskysymykset/muistiinpanot	

Nimi	Päiväys
Netti-osoite	
Käyttäjänimi/Sisään-kirjautumistunnus	
Sala-sana	PIN-koodi
Varmennuskysymykset/muistiinpanot	

Nimi	Päiväys
Netti-osoite	
Käyttäjänimi/Sisään-kirjautumistunnus	
Sala-sana	PIN-koodi
Varmennuskysymykset/muistiinpanot	

Nimi	Päiväys
Netti-osoite	
Käyttäjänimi/Sisään-kirjautumistunnus	
Sala-sana	PIN-koodi
Varmennuskysymykset/muistiinpanot	

Nimi	Päiväys
Netti-osoite	
Käyttäjänimi/Sisään-kirjautumistunnus	
Sala-sana	PIN-koodi
Varmennuskysymykset/muistiinpanot	

Nimi	Päiväys
Netti-osoite	
Käyttäjänimi/Sisään-kirjautumistunnus	
Sala-sana	PIN-koodi
Varmennuskysymykset/muistiinpanot	

Nimi	Päiväys
Netti-osoite	
Käyttäjänimi/Sisään-kirjautumistunnus	
Sala-sana	PIN-koodi
Varmennuskysymykset/muistiinpanot	

Nimi	Päiväys
Netti-osoite	
Käyttäjänimi/Sisään-kirjautumistunnus	
Sala-sana	PIN-koodi
Varmennuskysymykset/muistiinpanot	

Nimi	Päiväys
Netti-osoite	
Käyttäjänimi/Sisään-kirjautumistunnus	
Sala-sana	PIN-koodi
Varmennuskysymykset/muistiinpanot	

Nimi	Päiväys
Netti-osoite	
Käyttäjänimi/Sisään-kirjautumistunnus	
Sala-sana	PIN-koodi
Varmennuskysymykset/muistiinpanot	

Nimi	Päiväys
Netti-osoite	
Käyttäjänimi/Sisään-kirjautumistunnus	
Sala-sana	PIN-koodi
Varmennuskysymykset/muistiinpanot	

Nimi	Päiväys
Netti-osoite	
Käyttäjänimi/Sisään-kirjautumistunnus	
Sala-sana	PIN-koodi
Varmennuskysymykset/muistiinpanot	

Luscious Books
on Lounais-Englannissa sijaitseva
kirjakustantamo, joka kustantaa
mm. erikoiskeittokirjoja, ristikkokirjoja,
värityskirjoja ja erilaisia muistikirjoja.
Sen alla toimiva Cloudberry kustantaa
kaunokirjallisuutta.

Lue lisätietoa osoitteesta
www.lusciousbooks.co.uk/fi